LES
MISSIONS EN INDO-CHINE

PAR

UN TÉMOIN

Préface de M. BUISSON

Professeur à la Sorbonne.
Député de Paris.

Prix : 0 fr. 40

ÉDOUARD CORNÉLY ET Cie, ÉDITEURS

101, RUE DE VAUGIRARD, 101

PARIS

—

1904

LES MISSIONS EN INDO-CHINE

LES
MISSIONS EN INDO-CHINE

PAR

UN TÉMOIN

Préface de M. BUISSON

Professeur à la Sorbonne.
Député de Paris.

———

Prix : 0 fr. 40

———

ÉDOUARD CORNÉLY ET Cᴵᵉ, ÉDITEURS
101, RUE DE VAUGIRARD, 101
PARIS
—
1904

LETTRE PRÉFACE

de M. Ferdinand BUISSON
Député de Paris.

———

Mon cher Ami,

Vous me demandez une préface pour la brochure que vous publiez avec cette signature trop modestement impersonnelle : « Un Témoin. »

Mais « un témoin » n'a pas besoin qu'on l'introduise ; son témoignage vaut par lui-même et il ne vaut rien s'il est autre chose, plus ou moins qu'un document qu'il faut laisser parler tout seul.

Le vôtre parle amplement, simplement, mais avec une force, une portée d'information que nous avons rarement trouvée dans l'histoire ancienne ou contemporaine des missionnaires.

Vous ne cachez pas votre sentiment personnel, vous ne dissimulez pas l'impression largement défavorable que vous ont laissée tant de spectacles vus de trop près. Mais l'intérêt de votre opuscule est justement de nous renseigner, de nous faire voir et toucher du doigt ces façons d'agir, qu'à distance et par une sorte d'amour-propre national, nous ne voulons pas croire vraies. Il le faut bien quand on vous lit. Les faits sont là.

Vous nous le montrez, ce missionnaire, travaillant pour sa mission, non pour son pays, arrogant et intolérant dès qu'il est le plus fort, et surtout, ce qu'on a peine à s'avouer, exploitant l'indigène, le terrorisant par la menace, par les coups, par l'usure, par l'accaparement du sol.

Tous ceux qui auront lu ces quelques pages y auront appris quelque chose, et le moins qu'on puisse attendre de cette lecture pour quiconque l'aura faite de bonne foi, c'est qu'il en conclura tout bas, au rebours d'un mot célèbre ; « Décidément, le cléricalisme n'est pas un article d'exportation, »

Cordialement à vous,

Ferdinand BUISSON.

LES MISSIONS EN INDO-CHINE [1]

I

C'est un lieu commun accepté par beaucoup de républicains que « l'anticléricalisme n'est pas un article d'exportation ». On use et l'on abuse de cette formule célèbre ; de même que nous avons une morale pour le peuple qui n'est pas celle des gouvernements, nous avons des principes pour l'Europe, que nous ne nous soucions pas d'appliquer aux pays d'expansion coloniale, et nous voyons les moines chassés de France, subventionnés et encouragés à l'extérieur.

Pendant toute la période des conquêtes lointaines, encore aujourd'hui dans les pays sur lesquels les nations européennes ont des prétentions, en Turquie, en Chine, partout où l'on se réserve de troubles prétextes d'interventions armées, les congrégations sont introduites pour jouer le rôle d'agents provocateurs au profit de la puissance qui les soutient : En Syrie, chaque pays entretient ses moines, et les coups de balais que les divers sec-

(1) Cf. *Missions françaises au XVIe s.*, par Piolet, Colin. t. II ; *Budgets d'Indo-Chine* ; C. R. du Conseil colonial de Cochinchine, *passim*.

tateurs du Christ échangent journellement dans leurs Saint-Lieux ne sont que la manifestation religieuse des luttes d'influence de la diplomatie européenne. La Russie partout encourage l'extension de *son* église, et l'Allemagne cherche à se substituer à la France dans l'exercice d'un protectorat qu'elle espère fructueux.

Un récent article de l'*Européen* a montré combien l'action congréganiste pouvait nuire à l'influence morale de notre pays dans la Méditerranée (1). Il faut ajouter qu'en Extrême-Orient, l'action des missionnaires est encore plus stérile et plus dangereuse, si toutefois nous sommes résolus à rester dans les limites de nos conquêtes actuelles, à renoncer aux extensions onéreuses, à administrer enfin un empire déjà trop grand pour que nous puissions le faire valoir, et le cas échéant le défendre et le garder.

M. Marcel Sembat, dans son discours sur l'expédition de Chine, a révélé de nombreux faits qui éclairent les intentions et les procédés des missionnaires en Extrême-Orient. Nous savons que les intérêts de la civilisation leur sont profondément indifférents, qu'ils cherchent seulement à assurer par la protection des puissances européennes leur influence politique et commerciale, nous savons que leur prosélytisme religieux à Shangaï s'accommode aussi bien du trafic de la chair humaine que le mysticisme contemplateur des Chartreux du commerce de l'alcool.

(1) L'*Européen*, 16 mai 1903.

Dans une interview à son départ de Marseille (1), M. Beau confirmait avec une modération toute diplomatique le récit des abus et des exactions qui préparent et provoquent les désordres et les massacres suivis d'interventions et d'indemnités. Il ajoutait que la France acquerrait une notable influence à la Cour de Chine en s'interposant constamment entre le gouvernement et les missionnaires. Il est probable que nous accumulons en même temps, là comme au Siam et en Abyssinie, des haines sourdes mais violentes, et que le fruit de nos habiletés sera de procurer aux autres nations les avantages qui nous seront refusés.

En tous cas, si même par des considérations d'une politique sans scrupules, nous continuons à encourager au Siam et en Chine les progrès des missionnaires qui préparent pour de futures conquêtes des interprètes et des espions, si nous les imposons comme nous avons imposé nos marchandises, l'opium et l'alcool, si nous obligeons les pays voisins à recevoir ces éléments d'opposition et de trouble, aucun avantage ne peut justifier que nous les tolérions dans les pays dont ils ont rendu la conquête nécessaire, et notre intérêt est alors de les éliminer de nos colonies, pour qu'ils aillent plus loin provoquer les désordres et préparer nos voies.

Mais si, avec une habile honnêteté, nous renonçons à de nouvelles agressions, si nous signons avec le Siam un traité définitif, si nous ne cher-

(1) *Gironde*, octobre 1902.

chons plus à provoquer les provinces chinoises sur la frontière du Tonkin, si nous évitons de soutenir sans cesse les missionnaires rebelles il faut quand même en nettoyer l'Indo-Chine française, qui souffre autant que la métropole du mal congréganiste, où les Européens et les indigènes attendent avec impatience l'application rigoureuse de notre législation protectrice.

***

Pigneaux de Béhaine, évêque d'Adran, dont la statue se dresse devant l'église de Saïgon, s'était lié d'amitié avec un prince annamite, Nguyen-Anh, chassé de Cochinchine par une révolte. Il persuada au fugitif de demander l'aide de la France, de refuser les offres de l'Angleterre, lui parlant « de la générosité française, qu'il comparait au mercantilisme anglais ». Au nom de son protégé, il signait un traité qui cédait à la France, en échange de secours militaires, l'île de Poulo-Condor et la baie de Tourane, avec le monopole du commerce cochinchinois. Nguyen-Anh devint le roi Gialong et s'il ne provoqua pas comme l'avait espéré l'évêque, une conversion en masse de ses sujets, sa reconnaissance favorisa le développement du catholicisme. C'est de cette époque que datent à la fois nos « droits » sur l'Indo-Chine, et nos devoirs de reconnaissance à l'égard des missions. En effet, c'est toujours à la France que les évêques successifs eurent recours dans leurs difficultés avec l'Annam : « Pendant la Révolution, nous explique le P. Piollet, ils avaient refusé de servir d'interprètes et d'introducteurs aux Anglais protestants près des peuples d'Extrême-Orient : *la foi des missionnaires était d'accord avec leur patriotisme* pour leur dicter cette conduite : car accompagnant partout la Grande-Bretagne, le protestantisme se fût en même temps qu'elle implanté en Indo-Chine. »

C'est à ces motifs que nous devons d'avoir, au xixe siècle, conquis l'Indo-Chine pour protéger nos missionnaires.

Cependant, ce rôle de protecteurs ne nous gagnait pas la confiance de l'Annam. Les missionnaires, par l'orgueil qu'ont toujours les hommes de race blanche, et la certitude de la préférence divine, qui donne au catholique tant de confiance en soi, se considéraient comme bien au-dessus des lois du pays. Et ils entendaient bien que les indigènes chrétiens n'eussent à obéir qu'à eux.

Ils apportaient ainsi dans les relations sociales un esprit d'opposition intolérante qui les rendait d'autant plus insupportables que seuls les gens que leur malheur ou leurs fautes avaient mis hors la société, consentaient à se convertir.

Convaincu « qu'il a le droit et le devoir de refuser l'obéissance à une loi inique ou à une pratique impie le chrétien répète devant les tribunaux la réponse des premiers fidèles : « Mieux vaut obéir à Dieu qu'aux hommes. » Ces principes et cette conduite du chrétien le font considérer comme un sujet rebelle par les gouvernements païens qui n'ont pas la connaissance et encore moins l'intelligence des droits absolus de la vérité, et de l'universalité de la loi divine... Telle est la cause fondamentale des persécutions qu'on peut résumer en un mot : *le combat de la loi inspirée par le démon contre la loi révélée par Dieu* (1). »

De tels principes rendaient difficile l'exercice de la tolérance. Les rois d'Annam ne tardèrent pas à comprendre tout le danger que les missionnaires faisaient courir à leur autorité. Minh-Mang résolut d'en débarrasser son pays sans effusion de sang. En 1825, un édit interdisait l'entrée du royaume aux nouveaux venus, et il appelait à la cour les missionnaires installés dans les provinces. Il espérait, avec des distinctions honorifiques, les garder près de lui, et éviter ainsi leur propagande. Mais ses efforts furent vains ; il ne put ni empêcher la venue de nouveaux agitateurs, ni obliger les autres à quitter leurs fidèles. Résolu à ne pas laisser un chrétien dans son royaume, il s'engagea dans les persécutions. Mais sous son règne et celui de son successeur, Tieu-Try, d'incessantes interventions de la France sauvèrent les missions d'une destruction complète ; cependant tous les essais de traités commerciaux échouèrent devant le refus des mandarins, qui, pour éviter l'entrée d'étrangers perturbateurs, déclaraient que « les Annamites étaient trop pauvres pour acheter les produits français ».

Cette sage défiance ne devait pas sauver l'empire d'Annam. Les missions réclamaient une inter-

(1) P. Piollet : *Missions françaises au* XIXᵉ *s.*, passim.

vention énergique, et Mgr Pellerin vint en France, « exposer à l'empereur la situation des missions annamites et le prier d'agir sérieusement et efficacement *pour obtenir la liberté religieuse.* » Une expédition en commun avec l'Espagne, en 1858, après un an de guerre aboutissait à la prise de Saïgon, notre première possession en Indo-Chine.

Cependant, l'appel à l'étranger, la guerre sainte des Européens avaient exaspéré les Annamites. De 1857 à 1862 toutes les propriétés de la mission furent détruites et confisquées, les chrétiens traîtres à l'Annam furent emprisonnés et condamnés à mort par les tribunaux indigènes.

Le 5 juin 1862, nous signions la paix avec le roi Tu-duc. Il nous cédait trois provinces de Cochinchine ; Français et Espagnols obtenaient le droit d'excercer le culte chrétien en Annam, et « les sujets du royaume qui désireraient embrasser et suivre la foi chrétienne le pourraient librement et sans contrainte ».

La mission triomphait. Cependant, elle n'avait pu réaliser entièrement le plan de Mgr Retord : *conquérir l'Annam au nom de la France, ou lui imposer sous notre protectorat la domination d'un roi chrétien.* De plus, une clause du traité « parut étrange (1) » : « On ne forcera pas à se faire chrétiens ceux qui n'en auront pas le désir », et le P. Piolet ajoute : « Elle avait sans doute été inspirée à l'amiral Bonnard par un de ces préjugés qui

---

(1) P. Piolet, loco citato.

paralysèrent son administration en Indo-Chine. »

Mais le 15 mars 1874, l'Annam signait un nouveau traité avec nous. Cette fois les missionnaires obtenaient satisfaction : « les chrétiens..., ne seront plus obligés sous aucun prétexte à des actes contraires à leur religion... *Ils seront admis aux emplois publics sans être tenus pour cela à aucun acte prohibé par la religion*. Sa Majesté s'engage à faire détruire les registres de dénombrement des chrétiens faits depuis 15 ans... Elle s'engage en outre à renouveler la défense, si sagement portée par elle, d'employer dans ce langage ou dans les écrits des termes injurieux pour la religion et à faire corriger les articles du Thap Dieou dans lesquels de semblables termes sont employés... Les prêtres annamites exerceront librement leur ministère. Si leur conduite est répréhensible et si aux termes de la loi la faute commise par eux est passible de la peine du bâton et du rotin, cette peine sera commuée en une punition équivalente, etc.

Cependant la mission dans les provinces conquises commençait son œuvre habituelle d'opposition à tout gouvernement, même favorable à son action. Elle considérait comme une inique persécution les minces restrictions que l'administration française imposait à l'exercice de son intolérance et de son arbitraire. Grâce à la protection des gouverneurs, grâce à l'impunité souvent scandaleuse dont les missionnaires jouissaient, ils développèrent largement leurs institutions. Je tiens d'un vieil administrateur, qui vécut longtemps en

Cochinchine, deux anecdotes typiques qui montrent leurs exigences et leurs procédés.

A la suite d'un vol de buffles, — c'est le vol le plus fréquent dans ces pays de rizières et les chrétiens en sont coutumiers, — l'administrateur envoya le plaignant chercher à la chrétienté les buffles volés. Celui-ci, prévoyant son sort, ne consentit à partir que sur ordre écrit : il fut abominablement rossé. Les chefs annamites du village convoqués, sous la menace des plus graves punitions, finirent par dénoncer leur père spirituel, le missionnaire. Aussitôt ils furent jetés en prison, pour avoir osé accuser cet homme de bien, dont l'innocence était incontestable.

Cependant le bon père, invité à dîner, essayait d'obtenir la grâce de ses fidèles. Ne pouvant réussir, et craignant pour son influence, il en vint à reconnaître ses torts. Le *délit* était grave : viol d'ordre écrit, brutalités envers un représentant de l'autorité. L'administrateur, qui venait remplacer un de ses collègues dont la mission avait exigé le départ, était couvert par des ordres de l'amiral-gouverneur. Pourtant, malgré l'autorisation de poursuivre, il ne crut pas devoir se refuser à une transaction. Le père obtint de l'indigène la réduction de l'indemnité fixée à 250 $ et, pour payer la somme, il emprunta 100 $ à l'administrateur.

Une autre fois, c'est un indigène chrétien qui vint se plaindre du rapt de sa fille. On sait que les missionnaires « sont d'esprit très larges. » Après bien des hésitations il accusa le saint homme. On le mit en prison. Le bon père, invité à dîner, s'asseyait sans méfiance à la table de son hôte. Pendant ce temps, les gardes indigènes, sans avoir à redouter les violences sacerdotales, visitaient la chrétienté, et découvraient enfin la femme enlevée dans le sampan du père, amarré devant l'inspection. L'administrateur, au dessert, mit son convive au courant de la plainte, et devant ses dénégations, fit amener la jeune fille. Inutile, je crois, d'ajouter que l'histoire finit par une transaction.

Malgré ces persécutions contre d'inoffensifs missionnaires, le nombre des conversions augmentait. « Elles eussent été plus nombreuses, assure le père Piollet si les autorités françaises l'eussent voulu. » On se demande quels ménagements il fallait prendre. La colonie avait un budget des cultes, et, sous prétexte de développer l'enseignement du français, de grosses subventions étaient votées chaque année par le Conseil colonial.

En 1882, ce budget fut supprimé, mais la mission trouva dans la campagne du Tonkin l'occasion de fructueuses affaires. Elle achetait à vil prix les terres dès indigènes fuyant notre approche, et se constituait ainsi de vastes domaines en terrains fertiles.

Là encore, l'exaspération de l'intervention étrangère causa des massacres, Missionnaires et chrétiens périrent en grand nombre. Pourtant les moines gardaient avec les indigènes des relations suivies et la plupart des soumissions de chefs pirates se firent par leur intermédiaire. Il n'est pas douteux qu'en cas d'échec, si nos troupes avaient évacué le Tonkin, la mission fût restée, profitant des victoires sans se laisser entraîner dans la défaite (1).

Cependant, nous occupions le Tonkin, et les catholiques peuplaient les emplois indigènes, non sans que leur ignorance intolérante ait prolongé le mouvement de la révolte loyaliste, car mandarins et paysans s'unissaient dans la haine de ces insolents concussionnaires.

Depuis lors sous notre administration bienveillante, les missions ont développé leur influence et leurs richesses, d'une façon si flagrante qu'elles ne sauraient nier leur puissance qui s'affiche en des constructions immenses.

« Comment, dira-t-on, les missions ont-elles pu suffire à de pareilles dépenses puisqu'elles prétendent être pauvres ? » C'est là, dit Mgr Depierre, une des plus spécieuses objections qui incline les meilleurs esprits à croire à la prétendue richesse des missions et des missionnaires. On les juge sur leurs œuvres, et malgré leur affirmations on a bien de la peine à se persuader que tout cela soit sorti de rien. Il est certain qu'en 1862 la mission sortait de la crise entièrement ruinée et qu'en moins de quarante ans, elle a constitué un matériel, églises, presbytères, écoles, séminaires, orphelinats, hôpitaux, qui représente une valeur assez considérable. » Nous essaierons, comme Mgr Depierre,

_(1) Au Tonkin Occidental, en pleine persécution, Mgr Retord recevait des secours du gouvernement annamite pour les lépreux dont la mission prenait soin. — P. Piollet.

d'expliquer ce mystère : Nous verrons la mission étendre ses biens chaque année, dans tous les pays fertiles et riches, et les procédés qu'elle y emploie. Elle possède aujourd'hui trente hectares de terrains urbains à Hanoï, vingt hectares à Saïgon, des rizières partout, des monuments à Culao-Yen, des villages entiers au Tonkin, en Annam. Sans compter les missions espagnoles qui se sont réservé le nord du Delta, on compte au Tonkin 4 évêques, 105 missionnaires, 190 prêtres indigènes, 32 sœurs de Saint-Paul-de-Chartres, 540 sœurs annamites, *Amantes de la Croix*, nombre de catéchistes, 3 carmélites françaises qui possèdent un couvent immense dans Hanoï, où les servent 16 sœurs indigènes.

Il y a en Cochinchine 3 évêques, 150 missionnaires, 130 prêtres indigènes, 90 sœurs de Saint-Paul-de-Chartres, 900 sœurs indigènes : Amantes de la Croix, filles de la Vierge, filles de Marie, au Cambodge, 1 évêque, 33 missionnaires, 83 sœurs de la Providence : Tout ce personnel vit sur les ressources que la mission s'est créées en une trentaine d'années. Par des moyens que l'on doit connaître en France, ils poursuivent leur œuvre de développement matériel, et d'action sur les indigènes, sans craindre de faire à notre gouvernement une opposition systématique, et les haines qu'ils soulèvent dans la partie saine de la population annamite, constituent un danger qu'il ne faut pas ignorer, pour pouvoir prendre les mesures de défense et de protection nécessaires.

II

Depuis longtemps, les missionnaires eux-mêmes proclament la très grande indifférence des Annamites comme des Chinois pour les idées religieuses, au sens métaphysique et moral que nous donnons à ce mot. Seuls les individus que leurs crimes ou leurs malheurs ont exclus de la société, par besoin d'une protection contre la justice ou l'administration, constituent la clientèle catholique. Encore n'est-ce qu'à la deuxième génération que l'on peut prétendre les avoir habitués à la religion nouvelle, et les missionnaires en Chine ne se contentent pas de porter la queue et le costume national, ils affublent le Christ d'un ventre bouddhique et coiffent la Vierge à la Chinoise.

Si des influences multiples ont altéré la race, la religion et les mœurs des habitants de l'immense empire chinois, en Indo-Chine, malgré les modifications que le climat chaud du delta du Mékong a fait subir à la race annamite, celle-ci, sur toute la côte, depuis l'embouchure du fleuve Rouge jusqu'au golfe de Siam, reste remarquablement homogène, ayant gardé les lois et les coutumes que lui transmirent autrefois les disciples de Confucius.

La vie en pays de rizière, qui par la nécessité d'une entente continue pour la répartition des eaux et la construction des travaux protecteurs, impose aux hommes une forte cohésion sociale, a maintenu cette civilisation agricole puissante, qui fut trop peu étudiée, surtout au Tonkin, où elle s'épanouit aujourd'hui dans la paix fatiguée qui suit les longues répressions.

Les Annamites pratiquent une morale sociale, qui s'orne pour les âmes simples de cérémonies empruntées au bouddhisme, et d'innombrables superstitions qui font revivre devant nous les vieilles histoires de l'époque romaine. Les froides formules de Confucius et des livres chinois, dont les mandarins jouent gravement à la faible lumière de la lampe à opium, sont le système philosophique d'une insaisissable religion populaire. La volonté de réaliser la justice par l'organisation d'une société réellement démocratique, l'idée d'une famille sociale où l'âge, l'expérience, le savoir seraient les seuls titres au pouvoir, la conception de l'unique noblesse du mérite personnel, avec une hérédité décroissante, de sorte qu'à la troisième génération, les descendants de l'homme le plus glorieux reprennent place dans la foule, tels sont les principes de la vie sociale.

Le culte des ancêtres dans chaque famille, les fêtes des hommes célèbres dans la commune, les fêtes des saisons, de l'Agriculture, de la Science pour l'empire entier, habillent ce système moral de l'élément matériel et décoratif qui donne pour la foule une forme concrète aux affirmations raisonnées des livres sacrés, et les manifestations de ce culte familial et social sont devenues inséparables des actes les plus ordinaires de la vie.

Ainsi sans religion officielle, sans clergé organisé, dans ce pays où le bouddhisme n'a laissé que des images et un nom, où les bonzes isolés dans les villages, entretenant les pagodes communales, ne sont ni puissants, ni riches, il n'est pas une maison qui n'ait son autel à la place d'honneur, où brûlent sans cesse les baguettes d'encens et de santal, pas une muraille qui lors du têt (nouvel an), ne s'orne des banderolles rouges où se dessinent en nobles caractères les formules hiératiques et mystérieuses où le sage trouve le secret du bonheur.

Il n'est pas un jour qui ne soit *fas* ou *nefas*, pas un geste qui ne soit réglé par les rites ou les superstitions qui relient en une famille les quinze millions d'Annamites, suivant les hiérarchies sociales, sous le gouvernement paternel de l'empereur, qu'entourent les vieillards les plus sages.

Et ces sages, les mandarins, sortis du peuple par la force de l'intelligence et du savoir, respectent sans y croire ces libres symboles qui justifient aux yeux des ignorants et des faibles d'esprit, les exigences de la vie sociale.

Tels parmi nous, beaucoup ont affirmé qu'il faut une religion, une morale pour le peuple, tels maintenant, parmi ceux même qui réclament pour nous tous le droit à l'instruction, il en est qui accepteraient d'imposer une religion aux populations de nos colonies. Mais tandis que rien chez nous ne rattache le mensonge religieux à la vie sociale, chez les Annamites, si chacun à son gré divinise le nuage d'où naît la pluie fécondante, le fleuve qui déborde sur ses rizières, il sait le respect qu'il doit au chef suprême de la grande famille agricole, l'empereur qui tous les ans trace le sillon d'un champ symbolique, en un jour de fête nationale ; il sait qu'auprès de lui il trouvera justice et assistance. Il sait que par ses ordres les mandarins font conserver le riz pour les années de disette. Il sait que c'est à ces mandarins qu'il doit le plan des digues pour lesquelles, humble coolie, il a donné son travail, et qui protègent aujourd'hui son champ ; il sait que ce ne sont pas des maîtres imposés par la force qui le gouvernent, au nom d'un dieu puissant et capricieux, il pense qu'ils furent choisis pour leur savoir, pour que « règne sur le monde la paix et l'harmonie », et que, respectueux des ordres du sage, ils savent qu'avec la puissance ils acceptent des devoirs nouveaux :

« Car un prince doit avant tout veiller attentivement sur son principe rationnel et moral ; s'il possède les vertus qui en sont la conséquence, il possèdera le cœur des hommes ; s'il possède le cœur des hommes, il possèdera aussi le territoire ; s'il possède le territoire il en aura les revenus, il pourra en faire usage pour l'administration de l'Etat. Le principe rationnel et moral est la base fondamentale, les richesses ne sont que l'accessoire ! (1) »

Car « le mandat du ciel qui donne la souveraineté aux hommes, ne la lui confère pas pour toujours. Ce qui signifie qu'en pratiquant le bien et la justice, on l'obtient, et qu'en pratiquant le mal et l'injustice on la perd. »

Malgré les innombrables causes de trouble, extérieures ou intérieures, malgré les guerres, les défaillances et les crimes, nulle part peut-être la réalité ne fut plus près de l'idéal proposé par les philosophes. Et qui donc oserait chercher dans l'Evangile une idée de la civilisation catholique au XIIIe siècle ?

Si nous ajoutons à cette puissante organisation sociale un profond mépris pour la force, on comprendra le sentiment de pitié un peu dédaigneuse auquel se heurte la propagande des missionnaires. Des dogmes ahurissants et inutiles, des cérémonies pour lui vides de sens, des affirmations d'amour désintéressé appuyées d'accaparements violents, une séparation incompréhensible de la vie sociale et de la vie religieuse, la protection accordée au crime sous l'étiquette de la vertu, de telles incohérences appelaient l'ironie d'un peuple moqueur.

Cependant, nous avions par la force imposé notre autorité, et comme c'est en faveur des missions que la guerre fut faite, nos nouveaux sujets

(1) Confucius. La grande Etude, passim.

crurent d'abord que nous prétendions leur imposer de meilleurs principes sociaux, dont la religion catholique était une des formes nécessaires :

« Les païens s'apercevant que la religion était publiquement honorée et que l'administration supérieure voyait sans déplaisir le mouvement des conversions s'empressaient en grand nombre pour recevoir le baptême... Ils eussent été bien plus nombreux si les autorités françaises l'eussent voulu : que de fois, aux premiers jours de notre conquête, on vit des indigènes venir trouver les officiers, dire leurs ennuis ou leurs espérances, demander des secours *comme ils l'eussent fait à un prêtre* : des païens apportaient même leurs enfants à baptiser :

« Nous, nous sommes trop vieux pour changer de religion, disaient-ils, mais voici nos enfants, ils seront catholiques comme vous ! » (1) On voit combien cette adhésion était purement sociale, puisque sachant pour eux-mêmes l'inutilité de la conversion, ils livraient leurs enfants au baptême avec l'idée de leur voir jouer un rôle officiel dans la nouvelle organisation. Il n'y a pas à insister sur la candeur des missionnaires que réjouissent de telles conversions. *Il faut en garder ceci : que ce n'est pas parce qu'ils étaient chrétiens que les indigènes sont venus à la France, mais qu'ils se sont fait chrétiens parce qu'ils ont cru ainsi acquérir la protection de la France.*

(1) P. Piollet. Missions catholiques au XIXe siècle, tome II, p. 453.

Le fait ressort clairement des résultats statistiques de la mission jusqu'en 1898 :

	Tonkin occid.	Tonkin mérid.	Haut Tonkin	Cochinchine orient.	occcid.
Baptêmes d'enfants de chrétiens	8.592	3.654	750	2.189	2.413
Baptêmes d'enfants de païens . . , . .	27.267	3.822	2.024	4.488	5.154
Baptêmes d'adultes .	2.604	2.058	533	9.056	1.388

Cependant, l'antagonisme de la mission et de l'Etat ne tarda pas à s'affirmer. Quelques Annamites ont compris que le catholicisme ne répondait plus à notre état social ; ils ont alors voulu donner à leurs enfants une éducation qui les rapproche effectivement de nous. Si nous avions su encourager ce mouvement, il n'eût pas tardé à s'étendre, et la mission courait un grand danger, car il ne fut bientôt pas resté un indigène pour préférer à l'enseignement laïque, l'éducation religieuse qui violente ses habitudes et son bon sens.

Déjà en Indo-Chine comme en France, la mission recule devant la civilisation, et son prosélytisme aujourd'hui se réfugie dans les campagnes écartées, où elle échappe à toute surveillance.

Les centres urbains subsistent pour affirmer sa puissance et maintenir l'influence politique qu'elle ne néglige jamais.

Un important fonctionnaire annamite, dont j'avais connu le fils en France, me disait avec tristesse : « Il est maintenant fonctionnaire au titre indigène et gagne 60 fr. par mois. Tandis que bien d'autres, élevés chez les missionnaires, qui n'ont pas comme lui passé vos examens, ont ici des protecteurs et des amis, et ont de meilleures places, au titre français à des soldes bien supérieures. » Et il ajoutait : « On devrait cependant encourager les Annamites qui envoient leurs enfants chez vous pour les faire instruire à l'européenne. »

Tandis que la société laïque ne fait rien pour ceux qui la servent, la mission ne recule devant aucune intrigue pour assurer des places et des avantages aux hommes qui lui sont dévoués. De sorte que comme en Chine on se fait chrétien pour obtenir protection contre le mandarin, *en Indo-Chine, on se fait chrétien pour obtenir aide et protection envers ou contre notre administration.*

Cette protection est active non seulement à l'égard des fonctionnaires français, mais encore et surtout à l'égard des fonctionnaires annamites. J'emprunte à un colon français ce tableau pittoresque de l'œuvre du bon père.

« En apparence rien n'est plus effacé que la modeste personnalité du missionnaire. Il est habituellement seul au centre des villages qui composent sa circonscription, son district pour employer le terme consacré, ne voyant qu'à de longs intervalles les Européens et sortant peu de chez lui. Car la tâche de faire des conversions ne lui incombe pas et il ne va pas comme on nous le montre complaisamment, de case en case, prêcher la bonne parole. Ce rôle est confié à des prêtres et à des cathéchistes indigènes qui répandus dans les villages s'en occupent activement.

Cependant rien ne lui échappe de ce qui intéresse le but qu'il poursuit : substituer insensiblement son action à celle de l'autorité locale, sans négliger l'acquisition des biens de la terre : en un mot se rendre maître moralement des gens et devenir propriétaire du sol...

Il arrive cependant que certains mandarins trop rapaces tondent la brebis de trop près. C'est le moment qu'attend le bon père pour sortir de sa boîte. Mais son intervention n'a pas le caractère providentiel qu'on serait en droit d'espérer d'un aussi saint personnage. Il fait savoir qu'il connaît les abus, et dès lors si le fonctionnaire donne raison à des bouddhistes contre des chrétiens, il lui en cuira. Les mandarins n'en deviennent pas plus honnêtes, mais ils ménagent la mission. De sorte que dans les villages mixtes, ce sont les bouddhistes qui paient les impôts, les bouddhistes qui font les corvées, d'où deux raisons de se convertir : *échapper aux charges* et *avoir un défenseur* toujours prêt à sauver un coupable pour éviter le scandale. — »

On s'explique dès lors ces lignes du père Piollet : « Chose qu'il faut remarquer, les conversions se font par villages entiers ou par notables portions de village, et non individuellement comme autrefois. En effet, avant la conquête, le nouveau chrétien, s'il n'était déjà exclu de la commune, ne pouvait satisfaire à la fois aux exigences catholiques et à ses devoirs sociaux, devait quitter sa famille pour venir s'établir dans un centre chrétien. On comprend qu'un grand nombre remissent à des temps meilleurs d'embrasser une religion qu'ils ne pouvaient pratiquer au milieu de leurs parents et de leurs amis. Mais au lendemain de la crise qui avait failli emporter les Églises d'Indo-Chine, la situation se modifia par suite des changements poli-tiques, *et plus encore par une effusion particulière de la grâce, accordée sans doute aux prières et aux souffrances des martyrs.* »

Les missionnaires ne négligent rien d'ailleurs pour rendre la grâce plus efficace, et ne pouvant tous les jours offrir à leur dieu le sang de nouvelles victimes cherchent à obtenir des résidents une intervention persuasive. Voici la lettre adressée par l'un d'eux au résident d'une province d'Annam :

J. M. J. (1).

Bien cher et honoré Monsieur,

Je n'ai pas l'honneur de vous connaître, c'est pourquoi j'hésite à vous écrire, car j'ai peur de commettre une indiscrétion en vous demandant un service très important sans avoir d'autre titre pour le faire que celui de compatriote. Voici l'affaire dont il s'agit : Le village de X... a été pris en fla-grant délit de fabrication de vin annamite (alcool de riz). Une dizaine de familles de ce village deman-dent à suivre la religion si je puis les tirer de cette

(1) Initiales de Jésus, Marie, Joseph, personnages sacrés de la mythologie chrétienne.

mauvaise affaire. Il dépend de vous seul, cher Monsieur, d'arracher ces pauvres gens à leurs superstitions et d'en faire des chrétiens. Je vous en fais la proposition, et vous y trouverez votre avantage, car une bonne action ne reste jamais sans récompense. De mon côté le Dieu que je sers est tout puissant et a promis de rendre au centuple.

Agréez, etc.

L..., *Missionnaire apostolique.*

Mais cette douceur n'est qu'apparente. Si l'administrateur est clérical, tout va bien, les conversions se multiplient et malheureusement le gouvernement n'a que trop de tendance à envoyer de tels hommes dans les provinces où les chrétiens sont nombreux. Si au contraire l'administrateur est intelligent et libéral, s'il sait la langue et peut se renseigner par lui-même, l'œuvre civilisatrice de la mission est momentanément suspendue. Nous avons dit cependant quelle faiblesse on met dans la répression de crimes infâmes ! (1) Mais l'Annamite sait qu'il est un vaincu, il ne demande pas la punition des coupables, une justice incomplète lui suffit et il ne la réclame que quand il ne peut faire autrement.

Contre l'administrateur qui les gêne, les missionnaires commencent une lutte sans merci. Ce sont sans cesse des affaires qu'ils exploitent ou qu'ils suscitent, en haut lieu des plaintes et des dénonciations. Et lorsque le fonctionnaire part pour un autre

(1) C'est un principe admis aux colonies que la justice n'agit contre un Européen qu'à la dernière extrémité.

poste, ils font savoir partout que son départ est leur
œuvre. En 1897, dans une province de l'Annam, ils
faisaient *afficher* qu'ils avaient obtenu le renvoi du
résident. Bien entendu, les fonctionnaires indigènes
ne songent pas à s'opposer à eux : le résident qui
les protège s'en ira demain, et la mission sait attendre
l'heure de la vengeance.

Un livre ne suffirait pas à relater les abus des
missionnaires et des chrétiens qui se savent pro-
tégés. Constamment ce sont des vols de buffles
dans les villages qui entourent la chrétienté. Quelquefois on obtient la restitution des buffles, mais les
voleurs restent impunis. Sous la protection de la
mission s'exercent les fructueuses contrebandes de
l'alcool, du sel, de l'opium. Les agents du fisc
n'osent intervenir, et le premier effet de l'arrivée
d'un missionnaire dans un village est la difficulté de
percevoir l'impôt. Vis-à-vis des indigènes, même
des fonctionnaires, le bon père ne dédaigne pas
l'usage de la force, rappelant sans cesse la constata-
tion de Mgr Puginier : « Que la Providence a fait
pousser le rotin à côté de l'Annamite », oubliant
qu'elle n'avait pas fait pousser le missionnaire à
côté du rotin.

Cependant les missionnaires ne négligent pas
l'acquisition des biens de la terre. Leurs chrétiens
paient de la dîme la tranquillité dont ils jouissent.

Aux produits de la contrebande s'ajoutent ceux
du commerce et de l'usure. Je me rappelle la ren-

contre d'un bon père emmenant vers la frontière de Chine une caisse de piastres et un convoi de quincaillerie.

Quant à l'usure, ce n'est pas seulement une source de gros bénéfices, c'est un puissant moyen de prosélytisme. Quand, à des taux qui varient de 36 à 800 pour cent, les débiteurs deviennent insolvables, ils peuvent obtenir une notable réduction de leur dette en se faisant chrétiens. La mission gagne l'argent, Dieu gagne les âmes.

Mais où les missionnaires excellent c'est dans l'accaparement des terrains. Non seulement ils prétendent hériter des chrétiens morts sans héritiers chrétiens, et font ensuite cultiver les champs par corvées, mais ils usent de tous les moyens pour obtenir la concession de terres nouvelles. On jugera par le fait suivant de l'hypocrite habileté avec laquelle ils prétendent sous des noms d'emprunt se faire concéder des terres qui reviennent ensuite à la mission. L'autorité du Conseil colonial m'a fait choisir cet exemple, qui confirme le témoignage unanime des Européens et des indigènes (1).

Il s'agissait de 151 hectares de terrains occupés et cultivés par des indigènes. Le P. Laurent écrivait : « L'ensemble de ces parcelles avait fait pour moi jadis l'objet d'une demande de concession gratuite, qui fut rendue au domaine en décembre 1900. Depuis cette époque... les terrains sont toujours exploités par les mêmes cultivateurs qui furent installés par moi pour s'occuper de leur défriche-

(1) Cf. C. R. du Conseil colonial, Saïgon, 1902.

ment sous ma direction. C'est pourquoi, si je fais la demande actuelle, c'est dans le but de sauvegarder les intérêts des chrétiens qui ont contribué à mettre ces terres en valeur. » Et il offre 3o $ (6o fr.) à l'hectare pour un achat *de gré à gré*.

Singulière façon, sans doute, de protéger les intérêts des chrétiens que de vouloir acheter leurs terres pour son compte. L'administrateur, puis le Lieutenant-Gouverneur refusèrent le marché. Le bon père écrivit alors au président du Conseil colonial. Voici le rapport de la Commission : Les terrains dont M. Laurent, missionnaire apostolique, demande la vente de gré à gré, étant cultivés, ne peuvent être vendus qu'aux enchères publiques. La Commission propose le rejet de la requête.

Le Lieutenant-Gouverneur ajouta : « Il a été reconnu que les prétentions de M. Laurent n'étaient pas fondées, et que plusieurs de ses allégations étaient inexactes... l'Administration demande le rejet. ».

Le Conseiller colonial indigène Diep fit alors une déclaration, qui résume les plaintes formulées de toutes parts. « Et puis les indigènes de cette contrée n'ont pas demandé les terrains en concession par crainte du P. Laurent. » Le Président aussitôt fit cette remarque : « Nous sommes en présence d'une opinion personnelle d'un membre du Conseil colonial, qui a pu se faire l'écho de quelque racontage (*sic*) annamite. M. le Conseiller Diep ne se rend certainement pas compte de la gravité et des conséquences de sa déclaration. » Celui-ci cependant crut devoir préciser. « Il y a dans beaucoup de provinces des catholiques qui servent de prête-noms aux missionnaires et qui ne sont que locataires des terrains concédés. » Pour qu'un conseiller annamite ait osé parler avec cette fermeté, il faut que les faits soient patents. Le Conseil rejeta la demande et M. Pech demanda une enquête : « Il est inadmissible, dit-il, qu'une autorité quelconque puisse exercer une action déprimante au point que les indigènes n'osent pas adresser une demande de concession pour des terrains qu'ils ont défrichés ! »

Tels sont les faits. Il nous reste à parler des œuvres de charité et d'éducation par lesquelles on prétend justifier la mission.

Une polémique récente, entre l'évêque Mossard et le Lieutenant-Gouverneur a démasqué cruellement les mensonges et les *faux* accumulés par les congrégations. Nous verrons ce qu'elles font pour la civilisation, ce qu'elles ont fait pour répandre l'usage de la langue française.

« Il faut bien dire, écrivait un administrateur, que l'ingérence des missionnaires est tout aussi constante en Cochinchine qu'en France; et qu'elle y est tout aussi mauvaise au point de vue de l'influence gouvernementale. » Le Conseil colonial a sanctionné l'année dernière les constatations des enquêtes administratives, en supprimant les subventions des écoles congréganistes, il faut maintenant que la Chambre et le Gouvernement sachent la vérité, et qu'enfin on ramène la mission d'Indo-Chine au régime du droit commun.

III

Nous avons vu quels procédés les missionnaires emploient, dans les campagnes indo-chinoises, pour « arracher les Annamites à leurs superstitions. » Nous avons à voir maintenant l'utilité sociale de leurs institutions hospitalières et de leurs écoles. « Les œuvres de charité, dit le P. Piollet, sont une des gloires du catholicisme, mais pour se développer, elles ont besoin de la liberté. » Les catholiques jouissent en Indo-Chine, depuis quarante ans, d'une liberté privilégiée, et malgré les photographies dont est rempli le livre du P. Piollet, nous montrant sous d'habiles éclairages les sœurs charitables ouvrant les yeux d'un nouveau-né, fermant ceux d'un moribond, portant à un malade réconforté la tisane traditionnelle, le développement des propriétés foncières de la mission est plus imposant que le nombre des hôpitaux, et surtout des malades qu'on y soigne. C'est que le prosélytisme est le premier souci du missionnaire. Ne faut-il pas sauver les âmes avant de soulager les corps ? Les biens de la terre jouent un grand rôle dans l'œuvre des conversions, et le plus grand nombre des institutions charitables, maternités, crèches, orphelinats, se rattachent à ce soin du salut des âmes. Mme Massieu nous renseigne sur une maternité du Cambodge ; le manque d'esprit critique dont son livre fait preuve, nous permet de croire qu'elle rapporte seulement ce que les sœurs lui ont montré ou raconté :

« Il existe au Cambodge un usage bizarre qui semble tenir lieu de tous nos soins antiseptiques. Les accouchées restent au moins quinze jours sur leur lit, un brasero placé au dessous d'elles malgré les trente degrés de température ordinaire et cet unique traitement leur réussit (?). Si les religieuses ne consentaient pas à les mettre sur ce chauffoir, les femmes ne viendraient pas, et de fait, *le plus grand nombre des enfants nés au couvent y restent.* »

Ceci se passe au Cambodge. Lors de mon passage à Pnom-Penh, les notables songeaient à créer, à l'imitation de ceux de Cholon, une maternité laïque, où des soins seraient donnés aux femmes enceintes, sans brasero, mais où elles garderaient leurs enfants et ne seraient point l'objet d'une propagande quelquefois dangereuse (1).

Ainsi les indigènes comprenant la supériorité de nos méthodes médicales, désireux de profiter des soins de nos médecins, consentent à subven-

(1) I. Massieu. — Comment j'ai parcouru l'Indo-Chine, Plon 1901. « Les femmes ont l'habitude d'allaiter leurs enfants pendant 3 ans, et, pendant ce temps, les maris exigent des suppléantes. Vainement, on a pu décider quelques femmes à sevrer leurs enfants au bout d'un an, par mauvaise hygiène ou sevrage trop brusque, les enfants sont morts. »

tionner des maternités et des hôpitaux, mais ils veulent des œuvres laïques. A Chaudoc, un hôpital fut créé par souscriptions, où les malades viennent à la visite du médecin major ; à Cholon, sous l'intelligente direction du résident maire, M. Drouhet, on a organisé une maternité, où une sage-femme, aidée de jeunes Annamites qu'elle instruit, soigne les femmes indigènes. Sans qu'on soit obligé de s'y livrer à des pratiques absurdes et malsaines, les femmes s'y succèdent sans que jamais une place reste libre.

On s'expliquera facilement la préférence des indigènes pour les institutions laïques par les faits révélés au Conseil colonial. C'est que les missionnaires, s'ils ne tirent des hôpitaux que des avantages médiocres pour leur propagande, savent parfaitement en obtenir des bénéfices financiers, sans renoncer à en exploiter le prestige moral vis-à-vis des Européens. La mission reçoit â l'hôpital de Phu-My *dix* lépreux (il y en a 2.500 en Cochinchine), et touche de ce fait 6.400 P. par an, alors que l'entretien de ces lépreux coûte au maximum 1.500 P. Les sœurs reçoivent en plus leurs appointements de la colonie. Aussi, afin d'éviter un encombrement qui diminuerait les résultats financiers de l'entreprise, les catholiques seuls sont admis à profiter de la subvention.

Nous le savons par M. Diep, conseiller indigène, qui demandait le transfert du crédit à l'hôpital de Chandoc et à la maternité de Cholon.

« L'hôpital de Phu-My ne reçoit que les lépreux

catholiques, les établissements dont je parle ne font pas de distinction entre les malades. »

Le Président. — Je crois que vous faites erreur.

M. Diep. — Il faut être baptisé pour entrer à l'hôpital de la Mission, j'en suis certain.

Il n'y a cependant aucune raison pour que les catholiques bénéficient seuls des charges imposées à la colonie pour l'entretien des hôpitaux, et pour laisser la Mission faire sur les malades des bénéfices scandaleux.

La création par M. Doumer d'une école de médecine indigène répond à une urgente nécessité. Il faut en Indo-Chine et en Extrême-Orient multiplier les postes médicaux (1). Dans les provinces, il faut créer des dispensaires où séjourneront des médecins indigènes, dans les centres, des hôpitaux dirigés par des médecins européens. Les Annamites n'ont qu'une médiocre confiance dans les capacités médicales du missionnaire, ils redoutent sa propagande, quand toutefois la charité chrétienne admet les bouddhistes à l'honneur d'être soignés. Au contraire, l'influence du médecin est très grande, elle est acceptée sans réserves ; si l'on veut propager aussi bien *en Chine* qu'en Indo-Chine nos idées, notre civilisation, l'influence de la France, ce ne sera pas en subventionnant des missionnaires, mais en envoyant des médecins qu'on arrivera à un résultat. Et les indigènes ont déjà prouvé, par l'exemple des notables de Cholon et de Chaudoc,

(1) L'exemple des Anglais dans l'Inde serait sur ce point très précieux à suivre.

par l'attitude au Conseil colonial de la plupart des conseillers indigènes, qu'ils sont prêts à donner largement leur argent pour des institutions de ce genre, à condition d'y trouver des soins intelligents et le respect de leurs idées. Ils le feront d'autant plus facilement que dans la société annamite, la commune s'est toujours chargée de l'entretien des malades, des infirmes et des impotents, que ce devoir social n'est pas nouveau pour eux, qu'ils le comprennent et qu'ils l'acceptent.

*
* *

L'organisation scolaire aux colonies, l'active propagation de la langue française, sont les arguments derniers de la défense de la Mission.

Suivant une tradition qui date de ses origines, l'Église catholique, aussitôt implantée dans l'empire d'Annam, était entrée en lutte contre les éléments instruits de la population, les lettrés et les mandarins. Son triomphe par la conquête lui assurait tous les avantages matériels ; aussi, sans doute afin de mieux garder nos sujets annamites dans la Sainte Ignorance, la Mission se chargea de l'instruction publique. Elle créa des écoles, des orphelinats, un collège, des séminaires. Elle demanda et elle obtint des appointements pour ses maîtres, reçut des subventions pour les écoles, enfin une somme lui fut annuellement versée pour « encourager l'enseignement du français ». L'amiral Bonnard avait fondé à l'école de Mgr Adran 100 bourses indigènes ; la Mission recevait chaque année 140.000 francs ; en 1882 ce crédit fut supprimé ; cependant sous forme de bourses et de subventions diverses, on le rétablit indirectement. En 1886, une allocation de 50.000 francs fut versée pour « le développement de l'influence française en Basse Cochinchine.

Le gouvernement, confiant dans la parole des ministres de Dieu, continuait aveuglément ses largesses. Les rapports des missionnaires et des sœurs accusaient les plus brillants résultats : les élèves trop nombreux savaient tous le français, ou presque, les maîtres, trop peu nombreux, prodiguaient leurs efforts dévoués. Malheureusement, il advint un directeur de l'enseignement soucieux de vérifier les rapports, des inspecteurs qui voulurent visiter les écoles. Et brusquement s'écroula le décor de mensonges et de faux qui masquait le travail d'accaparement et de tyrannie.

Fidèles aux habitudes de l'Église, les missionnaires avaient repris les anciennes traditions. Parmi les enfants des villages, ils choisissaient chaque année les plus intelligents et les plus dociles. Ceux-là, dans les écoles et les séminaires, continuaient leurs études, apprenaient le catéchisme et le latin. Quelques-uns, trop réfractaires aux abstinences où à la discipline, apprenaient le français pour entrer dans l'administration. Interprètes ou secrétaires, la Mission ne les perd pas de vue. S'ils sont fidèles sujets, son appui leur est assuré ; ils serviront en échange l'influence catholique dans les bureaux et les antichambres, renseigneront les pères sur ce qui se dit et se fait.

Quant aux autres enfants, restés dans les écoles, il n'importe de les instruire, il suffit qu'ils soient chrétiens, qu'ils obéissent, se confessent et paient la dîme. Aussi leur apprend-on seulement à travailler pour la Mission. Maçons, charpentiers, menuisiers, serruriers, couturières, brodeuses, fileuses, les enfants travaillent, encore et toujours, sans relâche, sous l'âpre surveillance de leurs bienfaiteurs. Ensuite ils iront dans la chrétienté voisine, continuer leur labeur sous la protection tyrannique du missionnaire. Il n'y a pas là d'exagération : voici l'un des rapports, à la suite desquels les subventions des écoles ont été supprimées : « L'école de Chaudoc a perdu tout caractère enseignant. L'enseignement s'y réduit à une sorte d'apprentissage des métiers manuels au profit de l'établissement (1), ces travaux constituant pour l'établissement une source de bénéfices d'autant plus considérables que la main-d'œuvre s'y trouve réduite aux seuls frais d'entretien des travailleurs. Le produit de la vente est perçu par la supérieure ; je n'ai pu en connaître le revenu ; d'après la sœur Suzanne, il serait très médiocre. »

Le fait se reproduit dans toutes les écoles : à Pnom-Peuh les enfants absolument ignorants passent leurs journées à des travaux agricoles, à Culao-Yen, filles et garçons, sous la direction des missionnaires et des sœurs, ont fait des briques et des tuiles, puis

(1) Les garçons y fabriquent des nattes, comme à la prison.

maçonné d'immenses bâtisses. On y voit aujourd'hui un grand atelier de soierie, où les orphelines travaillent sur les métiers indigènes la soie du pays. Les produits se vendent très cher et ne coûtent presque rien. Mais les missionnaires n'ont même pas songé à améliorer les instruments de travail, à introduire nos machines à dévider et nos métiers à tisser. La main-d'œuvre gratuite leur assure des bénéfices qui rendent inutiles les perfectionnements du matériel.

A Saïgon, c'est particulièrement à ces travaux de broderie, qui firent la gloire du bon Pasteur de Nancy, que s'adonnent les pensionnaires de la Mission. Et lorsqu'il fut question de supprimer les bourses de la Sainte Enfance, le lieutenant gouverneur ne put qu'approuver cette mesure, car, dit-il, « même dans les écoles professionnelles, il y a un minimum d'instruction ».

Mais la Mission mettait tous les soins à dissimuler ses procédés ; ses déclarations parurent d'un optimisme exagéré quand on connut les résultats d'inspections :

	Enfants	
	déclarés	constatés
Vicariat de Saïgon :		
Garçons.	480	260
Filles.	486	277
Apprenant le français . .	268	0
Ecoles chrétiennes de Basse-Cochinchine :		
Elèves.	173	42
Sœurs Saint-Paul-de-Chartres :		
Elèves.	364	181
Apprenant le français . .	179	9

Et ce n'était pas les élèves seulement qui se multipliaient comme par l'opération du Saint-Esprit, les maîtres n'échappaient pas au miracle. A Mytho, « les contrôles tenus au premier bureau du secrétariat du gouvernement font mention de *deux* émargements de sœur européenne par mois, » et le rapport d'inspection constate la présence d'une sœur unique, avec *un enseignement du français absolument nul*. La commission proposait la réduction du crédit au traitement de l'unique sœur. La minorité cléricale protesta et M. Jacques produisit une lettre de la supérieure de Saïgon à Mgr Mossard.

« J'ai l'honneur de vous informer, disait-elle, que les deux sœurs françaises sont bien chargées de l'école de Mytho. Ma sœur Alix Robbe s'occupe spécialement *de l'enseignement du français*, et la supérieure dirige les travaux manuels. » Un télégramme fut donc adressé à l'administrateur de Mytho et le lendemain le conseil était informé « qu'il n'y avait jamais eu qu'une sœur européenne à Mytho. » Cependant, on vota le traitement de la sœur ; les *faux émargements* ne reçurent aucune sanction, et l'administration ne récupéra même pas les sommes volées par la Mission.

La Sainte-Enfance de Saïgon souleva une autre discussion, qui nous apporte encore de précieux renseignements sur les établissements charitables institués par la Mission. Voici d'abord une lettre adressée par la Supérieure au Président du Conseil colonial au sujet de 86 bourses de 3oo francs » pour les Annamites et métisses non reconnues. »

« Comment élèverons-nous cette nombreuse jeunesse qui se trouve entre nos mains, à qui nous apprenons le français et les travaux d'aiguille, afin de rendre service aux dames européennes.

Si vraiment on veut l'extinction de ces bourses, on verra à bref délai diminuer considérablement les habiles ouvrières que nous fournissons au public, et tout le monde souffrira certainement de cette perte... »

A la vérité, la sœur supérieure veut bien accepter les bourses, mais elle entend bien n'être pas soumise aux inspections des écoles, elle prétend même ne pas avoir à fournir l'état civil de ses pensionnaires : lorsqu'une d'elles a 18 ans, elle quitte l'établissement : « l'administration est prévenue qu'elle sort parce qu'on substitue une nouvelle enfant à celle qui s'en va. » Cette indépendance absolue, les sœurs la réclament avec énergie. C'est que les orphelinats sont un des moyens les plus sûrs du recrutement des fidèles (1) ; et de plus, pendant leur enfance, les orphelins fournissent un travail fructueux.

« Je pose en fait, dit M. Pech, que toutes les jeunes filles qui entrent gratuitement à la Sainte-Enfance prennent immédiatement la qualité d'orphelines. La plupart ne le sont pas, et souvent, oncles et tantes accepteraient de les recevoir. Mais les

(1) « La Mission catholique ne peut guère recueillir, dans ses asiles de la Sainte-Enfance, que les enfants en danger de mort, et avec de bons soins, les religieuses en sauvent un grand nombre. » Mme Massieu.

sœurs ont le plus grand intérêt à obliger les familles annamites à considérer ces enfants comme isolés de la famille païenne. »

Une autorité sans contrôle sur des enfants qu'on exploite, n'est-ce pas l'idéal de la charité congréganiste ? Soigneusement assouplis à l'obéissance, les enfants sont placés et mariés par les soins de leurs maîtres qui les gardent sous leur domination, pour en faire les dociles instruments de leurs entreprises.

Le rapport concluait : « L'administration veut-elle prendre la responsabilité de donner sous forme de bourses un encouragement à une industrie particulière, très productive, du reste, et qui n'a rien de commun avec l'instruction publique ? »

Longtemps on a pu croire que les missionnaires se chargeaient de répandre la langue française parmi les indigènes. Les rapports d'écoles annonçaient les meilleurs résultats, et tous les ans la Mission recevait un généreux encouragement financier.

Lors des récentes inspections d'écoles, dont les chiffres que nous avons donnés ont montré les résultats, la Mission renonçant à imposer ses mensonges et ses faux à des gens incrédules, préféra loyalement reconnaître la vérité.

Le rapport de la commission disait : « Le Conseil colonial avait le droit de compter qu'un résultat quelconque indiquerait que les générosités de l'administration n'avaient pas manqué leur but. Malheureusement, les documents officiels révèlent que cette dépense est faite en pure perte et qu'elle ne laisse aucune trace au point de vue de l'étude du français dans les écoles de la Mission. »

M. Mossard déclara alors qu'il aimait mieux renoncer aux subventions acceptées par la mission depuis plus de vingt-cinq ans que d'enseigner le français dans ses écoles. « J'estime, disait-il, que l'enseignement du français à de jeunes enfants dont beaucoup quittent l'école à douze ans et dont l'avenir est de rester attaché au sol constitue un danger et une inutilité pour le plus grand nombre, et il ajoutait : les Annamites qui savent le français sont, à de rares exceptions près, ceux qui aiment le moins les Français, qui les respectent (?) le moins, et qui, dans le fond, leur sont le plus hostiles. Augmenter le nombre des déclassés, n'est-ce point un péril pour la sécurité publique en Cochinchine ? » M. Diep protesta énergiquement contre les paroles de l'évêque : « Nous supposons, dit-il, que M. Mossard ne peut prétendre connaître que des catholiques, créatures de la mission. » De toutes façons, il est permis de s'étonner qu'après avoir reçu pendant quarante années, des subventions pour encourager l'enseignement du français, les missionnaires en aient compris le danger le jour même où leurs mensonges étaient connus.

Cette répugnance d'ailleurs ne s'étend pas à tous les élèves de la Mission. Les prêtres annamites qu'elle forme apprennent le français « en traduisant le latin », et ceux qui sont destinés à entrer dans les bureaux pour y servir la congrégation, reçoivent un enseignement suffisant. Il est encore parmi les établissements religieux des maisons où l'on apprend au moins le *sabir* usuel, « les petites phrases indispensables. C'est là que, moyennant une somme de 5o à 1oo francs, se recrutent les « bonnes » sachant le français, la couture et la broderie, et qui, avec des fortunes diverses, deviennent *congaïes* d'Européens. On m'a même assuré que, moyennant une pension de 5o P. par mois, les membres de l'administration en congé pouvaient laisser leur femme annamite dans une retraite religieuse et sûre. Cette institution philanthropique est connue à Saïgon sous le nom de *Conservatoire*. Au Tonkin, la mission fait le même commerce, mais elle exige parfois en plus des 1oo P., la consécration, — religieuse *seulement*, — du concubinage. On voit que les fameuses maisons de Shangaï ne doivent pas étonner. D'ailleurs, longtemps ce commerce a servi l'œuvre de missionnaires. Aujourd'hui, rarement les résidents ont une congaïe ; la plupart sont mariés à des Françaises. Le temps n'est pas ancien où la femme annamite était une puissance (1). C'était encore pour l'Eglise un moyen d'influence et d'action. Par la congaïe, par le boy, par l'interprète, on tient un homme et il obéit.

(1) On n'a pas oublié la célèbre congaïe d'un résident supérieur au Cambodge qui eut les honneurs de la presse parisienne et des prisons cambodgiennes, pour quelques affaires de concussion.

*
* *

Nous n'avons apporté ici que des documents officiels, des faits certains et avoués. Nous avons négligé beaucoup de faits scandaleux, qui ont eu pour théâtre les rizières de l'Annam et du Tonkin, parce qu'ils n'avaient point été officiellement constatés et reconnus.

- Le dossier, tel qu'il est, suffit à faire condamner l'œuvre des missionnaires. Leur opposition systématique et insolente les rend insupportables et dangereux pour notre administration. Les indigènes les subissent avec peine. Ceux même qui sont aujourd'hui catholiques furent bien souvent forcés à la conversion. La Charité, l'Enseignement, sont des façades trompeuses, qui cachent l'œuvre néfaste d'accaparement congréganiste, et qui trop longtemps ont procuré l'aide du gouvernement à ses pires ennemis.

Il n'est pas de plus grand danger pour notre influence que celui de ce missionnaire isolé, paysan arraché à la terre de France, qui arrive là-bas, fort de la supériorité de sa race, fort de la vérité qu'il détient, fort de l'orgueil de son sacrifice, fort de ce désintéressement dont il est lui-même la dupe.

Parce qu'il n'acquiert pas pour lui, parce qu'il agit pour Dieu et pour l'Eglise, tous les moyens sont bons, il se livre sans contrainte à sa passion brutale pour la terre, tous ses instincts de paysan sournois et rapace le reprennent, il vole, il ment, il frappe pour acquérir les biens à l'Eglise, les âmes à Dieu.

— D'autres fois, c'est quelque chanoine d'esprit trop large, qui a pu fuir aux pays lointains les conséquences judiciaires de ses fonctions sacerdotales, et qui s'installe en satrape sans scrupules.

Hostiles à notre influence, odieux à nos sujets, les missionnaires sont pour la société annamite un dangereux élément de trouble et de dissolution. Bien souvent, au moment d'un partage, un des héritiers se fait chrétien, qui prétend seulement avec l'appui du prêtre obtenir le partage des biens indivis consacré au culte des ancêtres. Et le nouveau converti se refuse aux coutumes et aux traditions communales, il veut se soustraire aussi aux charges et aux corvées. La mission, plus tard, exigera l'héritage en l'absence de descendants chrétiens. Ainsi s'accumulent les haines les plus tenaces qui, quelque jour éclateront en révoltes et en massacres.

Commerçants sans patentes, fraudeurs audacieux, exploiteurs de l'enfance et des malades, tels nous apparaissent les missionnaires de l'Indo-Chine. Trop longtemps, ils ont abusé de la crédulité des uns, de la faiblesse ou de la complicité des autres. Il faut aujourd'hui les ramener au régime du droit commun, supprimer les privilèges fiscaux dont ils jouissent, cesser des subventions dangereuses, donner aux administrateurs des ordres formels pour protéger contre eux les indigènes boudhistes, étendre et développer les services médicaux et l'instruction publique.

Il faut que la Chambre, suivant l'exemple du Conseil colonial, refuse aux missionnaires d'Indo-

Chine, l'autorisation légale ; et le jour où l'on appliquera la loi, le jour où avec leur puissance matérielle cessera leur action violente et tyrannique, comme ils n'ont aucune influence morale, ils n'auront plus qu'à disparaître.

« La religion des Annamites leur permet de se passer de clergé, ce n'est pas un des moindres bienfaits dont Confucius ait doté ses disciples. » Ce n'est pas au moment où nous nous débattons contre l'envahissement clérical, que nous devons favoriser la main mise des missions sur un pays où elles apportent le trouble et la démoralisation, où elles entravent systématiquement l'œuvre civilisatrice qui, seule, peut justifier les conquêtes coloniales.

Un Témoin

Ce travail a été composé et tiré par des ouvriers syndiqués.

IMPRIMERIE LE BIGOT FRÈRES